NIVEL 1

Cómo crece una semilla

Por Helene J. Jordan • Ilustrado por Loretta Krupinski

Traducido por María A. Fiol

W9-AMP-099

Harper Arco Iris
An Imprint of HarperCollinsPublishers

La colección Harper Arco Iris ofrece una selección de los títulos más populares de nuestro catálogo. Cada título ha sido cuidadosamente traducido al español para retener no sólo el significado y estilo del texto original sino la belleza del lenguaje. Otros títulos de la colección Harper Arco Iris son:

¡Aquí viene el que se poncha!/Kessler
Un árbol es hermoso/Udry • Simont
Buenas noches, Luna/Brown • Hurd
El caso del forastero hambriento/Bonsall
Ciudades de hormigas/Dorros
El conejito andarín/Brown • Hurd
Un día feliz/Krauss • Simont
El esqueleto dentro de ti/Balestrino • Kelley
El gran granero rojo/Brown • Bond
Harold y el lápiz color morado/Johnson

Harry, el perrito sucio/Zion • Graham
La hora de acostarse de Francisca/Hoban • Williams
Mis cinco sentidos/Aliki
Pan y mermelada para Francisca/Hoban • Hoban
El señor Conejo y el hermoso regalo/Zolotow • Sendak
Si le das un panecillo a un alce/Numeroff • Bond
Si le das una galletita a un ratón/Numeroff • Bond
La silla de Pedro/Keats
El último en tirarse es un miedoso/Kessler
Se venden gorras/Slobodkina

Esté al tanto de los nuevos libros Harper Arco Iris que publicaremos en el futuro.

La serie *Let's-Read-and-Find-Out Science* fue concebida por el Dr. Franklyn M. Branley, Astrónomo Emérito y Ex-presidente del *American Museum–Hayden Planetarium*. En un tiempo, la serie fue coeditada por el Dr. Branley y por la Dra. Roma Gans, Profesora Emérita de Educación Infantil del *Teachers College de Columbia University*. El texto y las ilustraciones de cada uno de los libros de esta serie son cuidadosamente revisados por expertos en la materia.

HarperCollins®, 🔳®, Aprende y Descubre la Ciencia™, and Harper Arco Iris™ are trademarks of HarperCollins Publishers, Inc.

How a Seed Grows. Text copyright © 1960 by Helene J. Jordan, renewed 1988 by Helene J. Jordan. Text copyright © 1992 by Helene Jordan Waddell Illustrations copyright © 1992 by Loretta Krupinski. Translation by Maria A. Fiol. Translation copyright © 1996 by HarperCollins Publishers

Library of Congress Cataloging-in-Publication Data
Jordan, Helene J. (Helene Jamieson)
    [How a seed grows.   Spanish]
    Cómo crece una semilla / por Helene J. Jordan ; ilustrado por Loretta Krupinski ; traducido por María A. Fiol.
        p.   cm. — (Aprende y descubre la ciencia)
    "Harper Arco Iris"
    ISBN 0-06-026227-3. — ISBN 0-06-445145-3 (pbk.)
    1. Germination—Juvenile literature.   2. Seeds—Juvenile literature.
    [1. Seeds   2. Spanish language materials.]   I. Krupinski, Loretta ill.   II. Title.   III. Series.
QK740.J6718   1996   95-1598
582'.0166—dc20   CIP   AC
                    1   2   3   4   5   6   7   8   9   10   ❖   First Spanish Edition, 1996

Una semilla es una planta pequeñita que aún no ha comenzado a crecer. Los manzanos y las margaritas, las zanahorias y el maíz, el trébol y el trigo, todos crecen de semillas.

Ésta es la semilla de un árbol.

Algún día será un árbol como éste.

Ésta es la semilla de una flor.

Un día llegará a ser una flor como ésta.

Ciertas semillas crecen muy despacio, como sucede con las semillas del roble.

El roble es un árbol que crece muy lentamente. Imagínate que siembres la semilla de un roble. Podrías llegar a tener hijos, e incluso llegar a ser un abuelo o una abuela y el roble todavía continuaría creciendo.

Otras semillas crecen muy rápido.
Ésta es una semilla de frijol.

Crece muy rápido. Tan rápido,
que en pocas semanas se convertirá
en una planta de frijol.

Tú mismo puedes sembrar semillas de frijol. Nosotros escogimos frijoles trepadores. Pero también puedes sembrar frijoles enanos o habas limas.

Puedes sembrar las semillas de frijol en cáscaras de huevo, en latas, en tazas viejas o en macetas pequeñas. Asegúrate de que los recipientes tengan varios agujeros en el fondo.

Nosotros utilizamos cáscaras
de huevo y con un lápiz les abrimos
los agujeros.
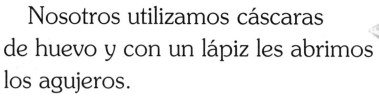
Llenamos de tierra las doce
cáscaras.

Hacemos un hoyo en la tierra,
con un dedo, como lo ves aquí.

Si utilizas cáscaras de huevo para sembrar los frijoles, haz un hoyo en la tierra de cada cáscara, y coloca una semilla en cada uno.

Luego, cubre las semillas con tierra.

Rocía cuidadosamente la tierra con un poquito de agua.

Numera las cáscaras. Escribe el número 1 en la primera y el 2 en la que le sigue, y continúa así hasta que todas las cáscaras estén numeradas del 1 al 12.

Coloca las cáscaras en una caja de huevos
y ponla cerca de la ventana, a la luz del sol.

Algunas semillas de frijol germinan más rápido
que otras. Nuestras semillas comenzaron a brotar
en tres días. Las tuyas, tal vez, tomen más tiempo.

No las podrás ver enseguida, pues las semillas
empiezan a crecer debajo de la tierra, donde no
es posible verlas.

Riega las semillas un poquito todos los días.
Las semillas absorben el agua y comienzan
a crecer.

Poco a poco, absorben más agua.
Cada día, crecen más.

Espera tres días y entonces saca
la semilla número 1.

Puede que esté blanda y abultada.
Pero es posible que esté igual que antes.

Pronto, la semilla crecerá tanto,
que se le reventará la piel.

Después de dos días, desentierra
la semilla número 2.

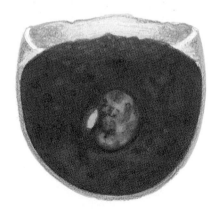

Ahora, tal vez la semilla parezca diferente.
Puede que la piel esté suelta.

Una raíz comienza a crecer.
Ésta sale de un lado del frijol.
La raíz crece dentro de la tierra,
hacia abajo.
Desentierra el frijol número 3.
¿Ves la raíz? ¿Se parece a ésta?

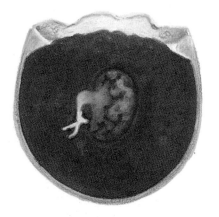

Si no ves la raíz, espera otro día
y entonces saca la semilla número 4.

Unos días más tarde, saca la semilla número 5. ¡Algo nuevo ha sucedido! Unas raíces pequeñitas han brotado de la raíz grande. Parecen diminutos pelos blancos. Se les conoce por pelos absorbentes o radicales.

Día tras día, las raíces y los pelos absorbentes empujan más y más hacia dentro de la tierra.

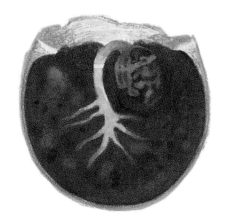

Día tras día, las semillas de frijol son empujadas hacia arriba y la tierra hacia los lados.

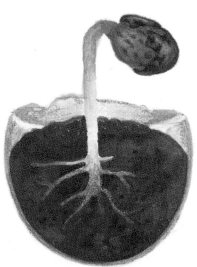

Examina las semillas. Pronto verás salir de la tierra unos retoños. Un retoño es el principio de una planta verde que crece hacia el sol.

Observa las semillas. Algunas han brotado ya.
Otras, puede que se hayan partido y otras, no
han comenzado a crecer todavía.

¿Cuantas han crecido? Cuéntalas.

Las semillas de frijol crecen muy rápido.
Los retoños se tornan verdes.

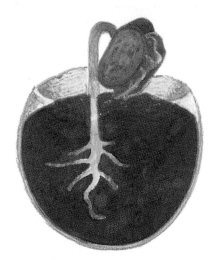

Las hojas aparecen después.
¡Ya las semillas son plantas de frijol!
Se parecen a ésta.

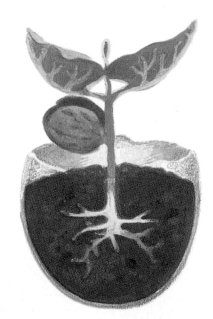

¿Cuántas de las semillas ya son plantas de frijol?

Una semilla necesita muchas cosas para poder crecer.

Necesita tierra,

agua

y sol.

Si una semilla reúne todas estas condiciones,
crecerá y se convertirá en una planta. Llegará
a ser la misma clase de planta de la cual nació:
un manzano, una margarita, una zanahoria o maíz.
Crecerá y se convertirá en un trébol o en una
planta de frijol como las que sembraste.